AF243619

SOCIÉTÉ FRATERNELLE CENTRALE.

3ᵉ DISCOURS

DU

CITOYEN CABET,

SUR

LA MANIFESTATION DU 17 MARS
ET LA NÉCESSITÉ D'AJOURNER LES ÉLECTIONS.

Prix : **10** Centimes.

PARIS,

AU BUREAU DU POPULAIRE,

18, J.-J. Rousseau,

1848

BIBLIOTHÈQUE NATIONALE — R. F.

[illegible]

[illegible]

[illegible]

[illegible]

[illegible]

PARIS

AU BUREAU DU JOURNAL

[illegible]

SOCIÉTÉ FRATERNELLE CENTRALE.

3e DISCOURS DU CITOYEN CABET.

SÉANCE DU 17 MARS.

Présidence du citoyen ROBILLARD.

LA SÉANCE EST OUVERTE A HUIT HEURES.

Le citoyen Président. Citoyens, la journée a été bonne pour le peuple et nous avons tous la conviction qu'elle aura de grands résultats; mais aussi elle a été longue. Nous devons être tous fatigués. C'est pourquoi nous n'aurons à nous occuper ce soir que de l'exposition des faits qui se sont passés pendant la journée. Nous commencerons par la lecture de l'article du *Populaire* qui a paru ce matin et qui est intitulé « *Au Peuple.* » Le citoyen *Maillard* a la parole pour vous lire cet article.

(Le citoyen Maillard lit cet article du *Populaire*, qui est accueilli par des applaudissemens et des cris de vive la République!)

Le citoyen Président. Maintenant le citoyen *Cabet* va vous présenter l'exposé des démarches faites aujourd'hui auprès du Gouvernement provisoire au nom de tout le peuple de Paris, de tous les délégués des ouvriers.

Le citoyen Cabet. Citoyennes, citoyens,

Honneur à la population parisienne! Aujourd'hui elle n'a pas combattu dans les barricades, mais elle a remporté une *victoire* qui n'aura pas moins d'avantages pour le Peuple, peut-être ; une victoire qui n'aura pas moins de retentissement en France et dans l'Europe entière. Aujourd'hui le Peuple s'est montré intelligent, calme, ferme, fort et puissant. Hier une *manifestation* a été faite par une *partie de la nation*, habituée à se considérer comme étant, sous tous les rapports, l'élite du pays ; cette fraction a voulu faire une leçon au peuple, et c'est le peuple aujourd'hui qui a donné une leçon à tout le monde, à ses amis comme à ses ennemis. Non seulement il s'est montré aussi calme que d'autres avaient eu le malheur de se montrer violens, mais il s'est montré aussi uni, aussi discipliné, aussi intelligent dans sa discipline volontaire qu'on aurait pu l'attendre d'un peuple vieilli dans la pratique des affaires publiques et ayant la jouissance de toute sa liberté, tandis que, depuis trop longtemps, vous le savez, le Peuple de France est pour ainsi dire dans l'esclavage.

Plus de 200,000 *hommes*, peut-être, se sont trouvés aujourd'hui rassemblés pour aller faire, au nom du Peuple, une manifestation pacifique, et ces 200,000 hommes n'ont pas commis un excès, pas commis un désordre, et, dans l'intérêt du Peuple comme de la liberté, dans l'intérêt de la République comme pour la justification de la Révolution, il serait à désirer que tous les ambassadeurs des souverains de l'Europe eussent été témoins de l'attitude du Peuple, et de son calme et de son énergie silencieuse.

Nous avons, je le disais en commençant, remporté une victoire sans combat, et cette victoire me semble, en effet, dans ses conséquences un bienfait incalculable ; quand un peuple se montre aussi uni, aussi calme, aussi ferme, on peut espérer que désormais il n'y aura plus de tentatives au dedans pour troubler l'ordre public, et que les ennemis du dehors n'auront plus à profiter de nos dissentions civiles pour faire prospérer les projets liberticides qu'ils pourraient nourrir contre l'indédépendance de notre Patrie. (Applaudissemens.)

Vous aurez donné une leçon à d'autres encore. Beaucoup de gens prétendent, quand on parle de la force du Peuple, que c'est une chimère, un mensonge, une exagération, une illusion même. Eh bien ! aujourd'hui, amis et ennemis, tout le monde aura vu que dans le Peuple est la force et la puissance. Personne désormais ne pourra dire qu'à Paris, dans la capitale de la civilisation, il n'y a que des coteries ; que des partis plus ou moins forts, ou même plus ou moins faibles. Partout on sera forcé de convenir que le Peuple commence à se former, à se discipliner, et qu'il est prêt à délibérer dans les assemblées publiques sur ses affaires intérieures, sur ses intérêts de toute nature et qu'il peut trouver dans son intelligence, dans son amour du bien public, assez de lumières pour les défendre lui-même, aussi bien que qui que ce soit pourrait le faire. (Bravo! bravo!)

Ainsi nos adversaires, et peut-être quelques ennemis, ne diront plus maintenant qu'il n'y a à tenir aucun compte du Peuple, qu'il ne faut redouter ni son calme, ni sa colère, qu'il n'a ni modération, ni puissance, parce qu'il n'a ni éducation de collège... (Cette éducation vous l'auriez si la société vous la donnait!), ni fortune, ni capitaux, ni richesses. Votre force, votre puissance, citoyens, elle est dans votre amour du bien public, de la justice, dans votre résolution de ne pas plus opprimer les autres, que vous ne voulez être opprimés vous-mêmes ; vous ne voulez pas être spoliateurs, mais vous ne voulez pas non plus être spoliés ; vous voulez la justice pour les autres comme pour vous, mais vous êtes bien résolus aussi à la vouloir *pour vous*, comme pour tout le monde. (Vives acclamations.)

Enfin vous vous serez aussi donné aujourd'hui une leçon à vous-mêmes ; car, pour la première fois peut-être, depuis bien longtemps, vous avez acquis la certitude de votre force quand vous savez être unis, quand vous savez réprimer vos mouvemens tumultueux, et quand vous savez vous montrer à tous et partout, sous votre véritable caractère, qui est celui de la force, de la justice, de la modération et de la générosité. (Nouveaux applaudissemens.)

Aussi la démarche d'aujourd'hui, citoyens, aura-t-elle produit, nous devons l'espérer, de salutaires résultats. Vous vous rappelez que c'est *ici* que cette manifestation a été présentée, discutée et adoptée pour la première fois peut-être avec une grande solennité. Nous avons en même temps résolu en commun que, pour rendre cette manifestation plus imposante, nous ferions un appel à toutes les sociétés populaires et à toutes les fractions du Peuple non encore organisées en sociétés. Nous nous sommes en effet entendus avec les délégués des différentes sociétés, avec les délégués des différentes corporations, et, dans une réunion nombreuse, après délibération, il a été décidé qu'une adresse serait rédigée et portée en commun au Gouvernement provisoire, à la tête de la population tout entière, adresse qui serait à la fois ferme et digne, sans menace comme sans faiblesse et dans laquelle on exprimerait au Gouvernement provisoire le vœu de la population sur trois questions : 1° l'éloignement des troupes ; 2° l'ajournement des élections pour la Garde nationale ; 3° l'ajournement des élections pour l'Assemblée nationale.

Cette adresse a été délibérée en commun ; elle a été adoptée et portée ce matin au Gouvernement provisoire. Elle a été lue par un ouvrier choisi exprès par la réunion des délégués pour faire cette lecture au nom du Peuple tout entier. Je pourrais vous dire qui a été chargé de la rédaction de l'adresse et qui était désigné comme devant la lire et la faire entendre au Gouvernement provisoire, mais vous m'entendez suffisamment : j'ajouterai, pour compléter ce rapport, qu'il a été proposé et décidé que cette adresse serait lue par un simple ouvrier, afin de donner à la manifestation ce caractère solennel et même particulier de n'être pas faite au nom d'une opinion quelconque, politique ou socialiste, au nom d'un groupe plutôt qu'en celui d'un autre, au nom d'une corporation plutôt qu'en celui d'une autre, mais au nom de la population tout entière, du Peuple tout entier, au nom des travailleurs surtout, au nom de ceux qui, comme on l'a dit souvent, sont la richesse et la défense de la Patrie. (Très bien ! très bien !)

Ainsi, c'est un de vous, c'est un Ouvrier, c'est un Travailleur, c'est un Prolétaire qui a lu l'adresse, qui a porté ce vœu au Gouvernement provisoire au nom des Travailleurs, au nom du Peuple de Paris. L'adresse a été écoutée en silence, puis le Gouvernement provisoire a répondu, par l'organe d'un de ses membres, que cette adresse était remplie de dignité et de modération ; que non seulement le Peuple se faisait honneur en soutenant le Gouvernement qui déclarait consacrer son existence à la défense des intérêts populaires, mais que l'adresse elle-même faisait honneur à la population par son calme, par sa dignité, par le soin avec lequel on y avait écarté toute espèce de menace et de contrainte, vis-à-vis le Gouvernement provisoire, en lui exprimant des vœux, en le conjurant de veiller au salut public, de prendre les mesures nécessaires pour arrêter enfin les efforts de la contre-révolution, et pour défendre d'une manière plus résolue, plus ferme, plus énergique, en s'appuyant sur le Peuple lui-même, la Révolution et la République. (Oui ! Bravo ! Vive la République !)

Le Gouvernement n'a pas dissimulé sa pensée sur la puissance de votre manifestation ; il a bien senti quelle pouvait en être la portée et il nous a remerciés du soin avec lequel, tout en venant à son secours contre nos ennemis communs, on s'était étudié à ne porter aucune atteinte à son indépendance et à sa liberté ; il a remercié le Peuple de Paris de vouloir bien lui donner un conseil, de lui exprimer ses vœux, de lui présenter ses demandes ; mais sans l'humilier, sans le mettre dans la nécessité d'accepter par force ou bien de refuser sans honneur. Il a demandé à délibérer, il a promis qu'il délibérerait sur ces questions d'intérêt public avec dévoûment, et il a ajouté qu'il était prêt comme vous à donner sa vie pour défendre la République ! (Très bien ! Très bien ! Vive la République ! Vive le Gouvernement provisoire !)

Mais, pour conserver toute sa considération, toute la confiance dont il a besoin, toute l'estime publique qui lui est nécessaire pour avoir toute son autorité et toute sa puissance, soit au dedans, soit au dehors, il a demandé qu'on lui laissât le temps d'examiner les questions, de décider, promettant qu'il ferait connaître incessamment le résultat de ses délibérations.

Sur cela, citoyens, nous nous sommes retirés ; nous avons pensé que notre but était atteint, puisque nous avions porté les vœux du Peuple de Paris au Gouvernement provisoire, et obtenu de lui ce témoignage que le Peuple avait uni dans la circonstance, la modération et la sagesse à la fermeté et au dévoûment patriotique. Le Gouvernement provisoire a reconnu lui-même que le peuple était plus fort ce soir qu'il ne l'était ce matin, et qu'il était plus fort aujourd'hui que tous les partis ne l'étaient auparavant. (Applaudissemens.)

Nous attendons maintenant que le Gouvernement ait examiné, qu'il ait réfléchi mûrement comme il l'a promis, qu'il ait délibéré et qu'il nous fasse connaître le résultat de ses délibérations. Nous attendrons tous, je le pense, avec autant de calme que nous en avons montré aujourd'hui.

Nous nous sommes ainsi séparés. Le Gouvernement provisoire est descendu sur la place. Il a exprimé ses sentimens au Peuple, et lui a renouvelé sa ferme résolution de consacrer toute son existence à défendre les intérêts populaires, la Révolution et la République. Ensuite le Peuple a continué sa manifestation. On s'est retiré en passant par la

Bastille, en longeant le boulevard, et l'on est arrivé tout autour de la Bourse, où l'on s'est séparé de tous côtés.

Partout l'affluence était immense, partout la manifestation excitait des sentimens de surprise par sa modération, son calme, comme elle raffermissait le dévoûment et la confiance par la force qui faisait son caractère.

Espérons donc, citoyens, que le but que nous avions en vue, par notre manifestation, sera atteint ; espérons que le Gouvernemeut, fort de l'appui qu'il sait maintenant avoir en vous, entrera résolument dans la carrière qui lui a été ouverte par la Révolution, et qu'il se sentira plus de force et d'activité pour réaliser enfin les engagemens qu'il a pris et les promesses qu'il nous a données. (Applaudissemens et marques unanimes d'approbation).

La séance demeure suspendue. Elle est reprise un quart d'heure après.

Le citoyen Président. Le citoyen Monnet a exprimé le désir de répondre au nom du Peuple, il a la parole.

Le citoyen Monnet. Quant aux élections, il est d'avis que l'ajournement qui prolongerait la crise des affaires serait mauvais et pour la Garde nationale et pour l'Assemblée nationale. Du reste, la première Assemblée nationale sera *mal composée*, à son avis, car on ne se connaît pas ; on sera toujours trompé dans les élections, mais il y a un moyen d'y remédier, c'est que l'Assemblée, l'année suivante, soit renouvelée par tiers à des époques déterminées, après qu'on aurait eu le temps de connaître les hommes.

Puis l'orateur veut raconter une foule de petits faits qui lui sont personnels ; mais le Président l'engage à abréger.

Le citoyen Cabet. On a avancé un raisonnement ; on a dit d'abord qu'on ne se connaissait pas et qu'on ne pourrait pas avoir de bons députés. Citoyens, s'il était certain qu'on ne pût pas avoir de bons députés, il serait fort inutile de s'occuper d'élections. (Très bien !) Puisqu'on s'occupe d'élections, on reconnaît donc qu'il y a possibilité de faire de bonnes élections. La question est de savoir quel est le moyen qu'il faut adopter pour faire de bonnes élections, de véritables élections ; des élections nationales, populaires, représentant le Peuple. Eh bien ! le moyen dans les circonstances actuelles d'avoir des Députés sortant des rangs du Peuple, choisis par le Peuple et pour le Peuple (oui ! oui ! pour le Peuple !), le moyen d'avoir de pareils députés, des députés selon votre désir, est-ce d'accélérer, de précipiter les élections ou bien de les ajourner un peu ? A cet égard, voici l'opinion de beaucoup de bons citoyens, qui ne s'occupent que des intérêts du peuple : pour que les élections soient vraiment nationales, vraiment populaires, pour que ce soit des élections véritables, sincères, loyales, il faut deux choses : la première, que tous les citoyens soient inscrits sur la liste électorale, et la seconde que les citoyens aient le temps de discuter entre eux la conduite, la vie, les qualités, les vertus, ou les défauts et les vices des candidats à la députation, afin de pouvoir choisir les plus dignes et les plus capables de bien défendre les intérêts populaires. (Vives marques d'approbation.)

Eh bien ! sur la première question, y a-t-il assez de temps pour que tous les citoyens soient inscrits sur la liste, ou bien faut-il ajourner ? Certainement si tout le monde en France était Peuple, si tout le monde aujourd'hui était démocrate, partisan de la révolution qui vient de s'accomplir, si tout le monde était Républicain ; si tous les cœurs n'étaient remplis que de l'amour de la République, et tous les esprits absorbés par le soin de trouver les meilleurs moyens de faire triompher la République, peut-être n'aurait-on pas besoin d'autant de réflexion et de temps pour faire les élections. Mais, pouvons-nous donc nous abuser ? Ne savons-nous pas que la Révolution a des ennemis, que la République a des adversaires riches et puissans ? Ne savons-nous pas que les intérêts du Peuple sont méconnus par des gens infectés de préjugés et surtout de défiance dans la sagesse du Peuple, dans son amour de la liberté et son amour de l'ordre, qui fait aujourd'hui son caractère ? (Oui ! Oui ! Bravo !)

Eh bien, si le drapeau blanc s'est promené dans la capitale, dans la capitale habitée par le peuple, qui vient de faire la manifestation d'aujourd'hui, après un pareil excès d'audace, est-il permis de douter que les mêmes manœuvres se pratiquent par toute la France pour fausser les élections, pour empêcher qu'elles soient populaires, républicaines ? Ceux qui manœuvrent ainsi contre l'intérêt du Peuple et la sincérité des élections, ceux-là ont de l'influence. Je n'ai pas besoin de vous dire, vous le savez tous, que dans les parties les plus reculées des campagnes, des influences pernicieuses dominent, qui font considérer au Peuple, ignorant de ses propres intérêts, les meilleures institutions comme des institutions dangereuses, et les meilleurs citoyens comme ses ennemis, de mauvaises volontés, en un mot, qui altèrent la pureté même des élections, empêchent les citoyens de s'inscrire sur les listes, et par conséquent d'arriver à une véritable représentation nationale. Mais, pour avoir une véritable représentation nationale, on a déjà perdu beaucoup de temps ; il faut réparer ce temps perdu, il faut assembler le Peuple, le pénétrer non pas de passions mauvaises, mais de passions généreuses, de l'amour du bien public ; il faut répandre partout le dévoûment du Peuple de Paris, l'ordre et la liberté ; mais, pour tout cela, il faut du temps, puisqu'on en a déjà tant perdu ! (Applaudissemens.)

Je ne m'étendrai pas davantage sur ce point. Je dirai seulement que l'argument qu'on vient de nous opposer tout à l'heure est un argument des plus mal fondés. Et, en effet, on nous a dit : Il faut nous habituer à être trompés dans les élections, car nous avons toujours été trompés, et nous le serons toujours ; il faut donc nous résigner à voir la première Assemblée constituante *mal composée* ; mais ne perdons pas courage, ne nous désespérons pas, on pourra l'année suivante renouveler l'Assemblée pour un tiers et faire alors de bonnes élections.

D'abord, citoyens, si les élections sont mauvaises pour les trois tiers, qui vous donnera l'assurance que le premier tiers qu'on renouvellera ne sera pas mauvais aussi ? et, pour compléter ma pensée, si les trois premiers tiers sont mauvais, ils influeront les élections de l'année suivante, de manière que le tiers renouvelé soit plus mauvais encore. Mais pourquoi les trois tiers seraient-ils mauvais ? Ce serait précisément à cause de l'influence qu'exercent les ennemis de la Révolution. Or, si l'Assemblée constituante était mauvaise, voyez donc les conséquences ! et comment serait-il possible de rassurer le Peuple à cet égard ! Si l'Assemblée constituante, qui sera chargée de faire la constitution, de régler définitivement toutes les institutions qui ne sont que provisoires, si cette Assemblée était mauvaise, tout serait perdu ; si cette Assemblée est ennemie de la République, dès en arrivant, elle commencerait par dire : « *Art.* 1er. La République n'était que provisoire (mouvement), et nous, représentans du Peuple, nous qui sortons des élections, nous qui venons d'obtenir la confiance du Peuple sur tous les points de la France, au nom du Peuple français, nous déclarons que le gouvernement qui convient le mieux à notre pays, c'est la monarchie ou la régence ! » Voilà ce que vous dirait une mauvaise Assemblée nationale. Est-ce là ce que vous voulez? (Non! non!)

Tout va donc dépendre de la première Assemblée constituante ; la constitution sera mauvaise si l'Assemblée est mauvaise, les institutions seront despotiques si les Représentans qui composeront cette Assemblée sont partisans du despotisme ; les lois seront faites en faveur du privilége, si les Représentans du Peuple, nommés par lui, ou plutôt escroqués sur lui, sont des partisans du privilége.

Ainsi le sort de la République, de la démocratie, de la Liberté, de la Révolution, du progrès, tout dépend de la composition de l'Assemblée nationale constituante. Qu'on ne nous parle pas des questions accessoires, de l'inquiétude, de la défiance, du plus ou moins d'inconvéniens qui résulteraient d'un peu d'attente, d'un ajournement ! C'est là un mal, sans doute, mais ce mal a d'autres causes. Ainsi, quand on dit : « L'ajournement va paralyser encore le commerce et l'industrie, » je réponds oui, c'est vrai, dans un sens, mais non pas dans l'autre, car, si l'Assemblée nationale est mauvaise, si, au lieu d'amener en France des institutions solides, elle laisse dans le cœur du Peuple des germes du mécontentement profond, si elle sème en France des semences de guerre civile, au lieu de remédier à l'état du commerce et de l'industrie, au lieu de l'améliorer elle l'aggravera ; nous pensons donc qu'on irait ainsi d'un état mauvais à un état pire, d'un état de crise à un état de ruine et de désastre. Si, au contraire, l'Assemblée nationale réunit l'assentiment populaire, si elle parvient à inspirer la confiance et à consolider nos institutions, elle raffermira tout.

Ainsi, la tranquillité publique, la sécurité pour tout le monde, pour le commerce et l'industrie, tout dépend de la bonne composition de l'Assemblée nationale. C'est donc là qu'il faut porter tous nos efforts ; et si pour obtenir ce résultat il faut prolonger de quelques jours, d'un mois, par exemple, l'époque des élections, si l'opinion publique demande un ajournement, alors qu'il s'agit du plus grand de nos intérêts ; pour mon compte, je ne vois pas de raison pour le refuser, et je crois au contraire qu'il y va du salut de la République. (Nouvelles acclamations.)

On veut ramener la prospérité du commerce et de l'industrie ! Mais parmi nous tous , en est-il un seul qui ne le désire ? Est-ce que vous , travailleurs , vous ouvriers, vous prolétaires, vous qui n'avez pas d'autre fortune que le travail , est-ce que vous n'êtes pas les plus intéressés à la prospérité du commerce et de l'industrie ? Mais si vous voulez que le commerce et l'industrie reprennent dans le plus bref délai possible leur cours et leur activité , dans votre intérêt surtout à vous , Travailleurs, il faut demander deux choses. D'abord il faut demander à l'aristocratie de ne pas fuir , de ne pas resserrer les capitaux au moment où le commerce et l'industrie en ont le plus besoin.

Une voix dans l'auditoire. Mais les moyens de remédier au mal ?

Le citoyen Cabet. Si c'est une opposition à ce que je dis qu'on entend faire , que l'on demande la parole et que l'on monte à la tribune.

La même voix. Non, je demande seulement quel est le remède, quels sont les moyens ?

Le citoyen Cabet. Celui qui vient d'interrompre a manqué aux règles d'une Assemblée. Ce n'est pas par des interruptions particulières qu'on doit procéder. Si vous avez des objections à faire , demandez la parole et vous l'obtiendrez, mais n'interrompez pas. Même, quand l'interruption serait bienveillante, elle serait un désordre.

Du reste , on demande quels sont les moyens de ramener la sécurité du commerce et de l'industrie ? Je viens déjà d'en indiquer un, c'est qu'au lieu de s'éloigner, les classes riches restent à leur poste, au milieu du Peuple , c'est que les capitaux viennent alimenter le commerce et l'industrie au lieu d'en tarir la source en se cachant.

Il y en a encore un autre, c'est que le Gouvernement s'appuie nettement, fermement, sans tergiversation, sans arrière-pensée sur le Peuple, sur la force populaire, c'est qu'il se montre chaque jour plus résolu à vaincre toutes les résistances, toutes les dissensions, et à faire triompher la République et la Révolution. Si le Gouvernement hésite, s'il laisse encore se reproduire le scandale des passions ennemies de la Révolution, s'il les laisse relever la tête, si, par quelques ménagemens qu'on pourrait appeler timides, faibles même, il laisse prendre à nos adversaires et à nos ennemis une hardiesse telle, qu'ils fassent des manifestations semblables à celles d'hier, des manifestations qui ébranlent le Gouvernement lui-même et avec lui le commerce et l'industrie, et qui, en même temps, jettent dans le Peuple des inquiétudes et des préventions. Si la marche, la faiblesse du pouvoir facilite les machinations ténébreuses des complots, en un mot, laisse encore à qui que ce soit l'espoir de renverser l'ouvrage du Peuple et de détruire la Révolution, alors nous serons toujours au milieu d'agitations de toute espèce, alors il n'y aura ni sécurité, ni confiance pour personne, le commerce et l'industrie dépériront tous les jours davantage, et la faute n'en sera pas seulement aux capitaux qui s'éloignent, mais aux hommes qui devraient inspirer assez de confiance pour les faire revenir volontairement par dévoûment au Peuple. Si, au contraire, le Gouvernement, comme je l'espère, entre plus franchement dans cette voie, prend une marche plus décidée ; si remplissant d'une manière plus complète ses promesses, et accomplissant avec plus de scrupule ses engagemens, il s'appuie aussi avec plus d'énergie et de confiance sur le peuple ; s'il ôte tout espoir à ses ennemis de pouvoir renverser la République, oh ! alors le Peuple sera plus confiant, plus calme ; il n'y aura plus chez lui d'inquiétudes, de défiances, par suite, il y en aura moins aussi dans d'autres classes, le calme se rétablira, les capitaux reparaîtront. On ne verra plus de conspiration pour les enfouir ; on aura pris les meilleurs moyens d'établir le sentiment de fraternité dans toutes les classes, le sentiment de fraternité à l'égard du peuple et le sentiment de justice envers les autres, on aura concilié ses intérêts avec sa force et sa puissance, le commerce et l'industrie retrouveront des garanties de prospérité dans notre heureuse patrie. C'est alors que la France sera en même temps l'honneur et la délivrance de l'Humanité ! (Applaudissememens prolongés.)

Le citoyen Président. Avant de clore la séance le citoyen Jory, représentant du *club des intérêts du Peuple*, ayant manisfesté le désir de fraterniser avec nous, il a la parole.

Le citoyen Jory. Citoyens, *le club des intérêts du Peuple*, dont le siége est dans le 12e arrondissement, a délégué son président et ses secrétaires pour venir vous apporter l'expression de ses sentimens de fraternité. Nous venons d'entendre le citoyen Cabet développer votre ferme résolution de maintenir la force du Peuple, la Révolution qui s'est opérée, la République quand même ; nous nous associons complètement à ces sentimens si bien exprimés, et nos sympathies vous sont entièrement acquises. Vieux combattant de la liberté, car j'étais soldat en

1792, j'ai eu l'honneur de voir naître la République qui malheureusement a été usurpée, et aujourd'hui je suis heureux de la voir renaître de ses cendres. (Vive la République !)

(L'assemblée se sépare dans le plus grand ordre aux cris répétés de vive la République !)

LE POPULAIRE,

DIRIGÉ PAR LE CITOYEN CABET,

Sera désormais imprimé à Paris, et paraîtra 2 fois par semaine,

LE DIMANCHE ET LE JEUDI.

Il sera porté aux Abonnés, crié et vendu publiquement.

18, rue J.-J. Rousseau.

Typographie FÉLIX MALTESTE et Cᵉ, rue des Deux-Portes-Saint-Sauveur, 18.

www.ingramcontent.com/pod-product-compliance
Lightning Source LLC
Chambersburg PA
CBHW061556050726
47595CB00009B/3830